Danke für den Glücksfall, dass die Erde sich neigt.
Diesem Winkel haben wir es zu verdanken,
dass es auf unserem schönen Planeten Jahreszeiten gibt.
Ohne sie wäre das Leben schrecklich eintönig! – P. H.

© 2008 Éditions MILAN – 300, rue Léon-Joulin, 31101 Toulouse Cedex 9, Frankreich.
Die französische Originalausgabe erschien erstmals 2008 unter dem Titel »Les saisons« bei Éditions Milan.
www.editionsmilan.com

Aus dem Französischen von Anne Brauner
Alle Rechte der deutschsprachigen Ausgabe:
© 2012 Esslinger Verlag J.F. Schreiber
Anschrift: Postfach 10 03 25, 73703 Esslingen
www.esslinger-verlag.de
ISBN 978-3-480-22931-4

FSC
www.fsc.org
MIX
Aus verantwortungs-
vollen Quellen
FSC® C015529

Alles über die
Jahreszeiten

Text von Pascale Hédelin
Illustrationen von Sophie Lebot

esslinger

Alle Jahreszeiten

Du erlebst selbst, dass im Laufe des Jahres Zeitabschnitte aufeinander folgen, in denen es erst mild, dann immer wärmer, später wieder kühler und schließlich eiskalt wird. Das liegt an den Jahreszeiten, dem Frühling, dem Sommer, dem Herbst und dem Winter. In jeder Jahreszeit ändern Pflanzen, Tiere und auch die Menschen ihre Lebensweise. Willst du mehr darüber erfahren? Dann sperr Augen und Ohren auf, komm mit auf einen Spaziergang in die freie Natur und sieh dir die Jahreszeiten an …

Warum gibt es Jahreszeiten?

Stell dir vor, du fliegst hoch am Himmel und schaust auf die Erde hinunter. Du siehst, dass sie sich um die Sonne dreht – und um sich selbst. Dabei steht sie ein wenig schräg. Deshalb gibt es die Jahreszeiten! Wenn unser Planet sich der Sonne zuneigt, bekommt die Erde viel Licht und Wärme: Dann ist Sommer. Wenn sie sich aber zum Weltraum neigt, ist es weniger hell und weniger warm: Dann ist Winter.

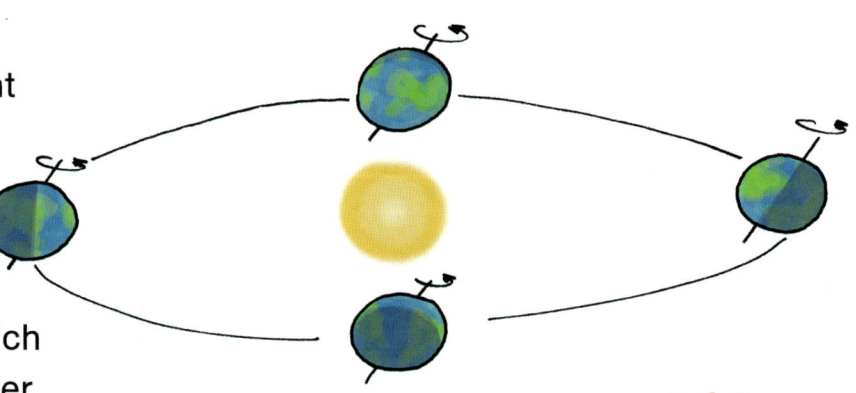

Ob Sommer oder Winter, Frühling oder Herbst – die Jahreszeiten richten sich nach der Drehung der Erde um die Sonne und nach der eigenen Neigung.

Im Lauf der Jahreszeiten verändert sich die Natur. Im Frühling hüllt sie sich in Grün und viele schöne Blüten!

Die vier Jahreszeiten

In gemäßigten Regionen wie Europa und Nordamerika gibt es vier Jahreszeiten, die jeweils drei Monate dauern. In anderen Weltgegenden gibt es nur zwei Jahreszeiten.

Umgekehrte Jahreszeiten

Da die Erde schräg steht, ist es unten auf der südlichen Halbkugel warm, während oben auf der nördlichen Halbkugel Winter herrscht. Ebenso stehen auch die Jahreszeiten auf dem Kopf: Weihnachten fällt in Australien in den Sommer!

Im Sommer scheint die Sonne sehr stark. Die Früchte werden reif, aber gleichzeitig ist es sehr trocken. Alle Lebewesen haben Durst, weil ihnen so warm ist. Schnell in den Schatten!

Diese Ruhe im Winter!
Der Schnee deckt alles zu.
Im Leben der Pflanzen und Tiere
geht es viel langsamer zu.

Im Herbst wird es frischer und feuchter. Die Bäume wechseln die Farbe und verlieren ihre Blätter. Die gesamte Natur bereitet sich darauf vor, dem Winter zu trotzen ...

Der Frühling ist da!

Das Wetter wird milder. Oben am Himmel scheint die Sonne immer öfter. Wenn die Tage länger werden, endet der Winter. Schritt für Schritt macht er dem Frühling Platz. Die Natur, die in den letzten Monaten vor Kälte erstarrt war, erwacht von Neuem. Alle Lebewesen werden aktiv. Man könnte sagen, das Leben wird neu geboren!

Der Frühling ist auch die Jahreszeit, in der die Tiere sich paaren.

Vorsicht, Frost!

Nachts wird es manchmal noch sehr kalt. Blumen und Obstbäume können erfrieren und würden dann keine Früchte tragen. Die Ernte wäre vernichtet.

Im März ist das Wetter oft schön ... und dann regnet es plötzlich! Aber das dauert nicht lange, es ist nur ein Schauer.

Durch die Sonnenwärme bekommt der Baum Knospen, winzige Blätter und Blüten sprießen. Sie wachsen schnell!

Die Tagundnachtgleiche

Der Frühling beginnt am 20. oder 21. März, und zwar an dem Datum, an dem Tag und Nacht gleich lang sind. Das ist die Frühlings-Tagundnachtgleiche.

Wenn das milde Wetter zurückkehrt, schmilzt der Schnee im Gebirge. Er verwandelt sich in Wasser, das in einen Fluss fließt. Wenn es dazu noch regnet, führt der Fluss immer mehr Wasser und wird zu einem reißenden Strom.

Im Herbst ist ein Samenkorn auf die Erde gefallen. Unter dem Laub hat es den Winter verbracht. Nachdem sich Wurzeln gebildet haben, ist der Stängel aus der Erde gekommen. Eine Pflanze ist geboren!

Der Igel hat den Winter verschlafen. Im April kommt er aus seinem Versteck und geht auf die Jagd nach Schnecken und Würmern. Er sucht ein Weibchen, um sich zu paaren.

Frühling auf dem Land

Auf freiem Feld wächst saftiges, grünes Gras neben vielen verschiedenen Blumen zu einem bunten Farbenteppich. Dort kann man wunderbar spazieren gehen. Die umherstreifenden Insekten flattern und summen. In der Brise, diesem zarten Windhauch, zittern die jungen Blätter an den Bäumen. In den Ästen singen die Vögel.

Nützliche Insekten

Die Blumen sind mit einem feinen Staub bedeckt, dem Pollen. Bienen und Schmetterlinge, die diesen Blütenstaub sammeln, bringen ihn zu anderen Blüten, die sie auf diese Weise befruchten. So werden Früchte daraus.

Die jungen Füchse kommen aus ihrem Bau. Sie haben viel Freude daran, sich zu balgen und den Schmetterlingen nachzujagen.

Wenn es warm wird, blühen überall Wildblumen. Sie locken die Insekten an, die auf ihnen landen, um Nektar zu sammeln.

Sobald das Wetter schön wird,
sieht man die ersten Zitronenfalter.
Dann ist der Frühling da!

Piep, piep!

Die Vögel singen nicht nur, weil es ihnen so gut geht. Die Männchen möchten die Weibchen auf sich aufmerksam machen. Gleichzeitig wollen sie mit dem Gesang andere Männchen abwehren.

Die Blätter an den Bäumen sind stark gewachsen.
Sie sind grün, weil sie Chlorophyll enthalten.
Dieser Stoff nutzt das Sonnenlicht, um Nahrung
für den Baum herzustellen.

Auf dem Bauernhof
werden viele
Tiere geboren:
Fohlen, Kälber,
Kaninchen, Kätzchen ...
und ganz viele Ferkel!

Frühling am Teich

Der Teich liegt in einer Mulde auf dem Land.
Dieser ruhige, kleine See ist nicht tief, aber er bietet
vielen Pflanzen und Tieren Schutz. Bei Frühlingsanfang
weckt die Sonne diese kleine Welt wieder auf.
Man kann den Pflanzen im Wasser oder am Ufer
geradezu beim Wachsen zusehen. In Windeseile
paaren sich Frösche, Fische, Insekten, kleine
Garnelen und Vögel. Dann legen die Weibchen
die Eier, aus denen bald die Nachkommen schlüpfen.

Im Teich werden
viele verschiedene
Babys geboren.

Im Frühling sind die Fische groß genug.
Jetzt ist der Fischfang wieder erlaubt.
Dieser Fischer hier hat Hechte gefangen.

Ein Super-Papa

Der Stichling ist ein kleiner Fisch.
Wenn sich der Bauch des Männchens
im Frühling rot färbt, schwimmt das
Weibchen ihm nach bis zu dem Nest,
das er am Boden des Teiches gebaut
hat. Dort legt es ihre Eier ab.
Vater bewacht sie.

Die männlichen Teichfrösche quaken
im Chor, um die Weibchen anzulocken.
Dafür pumpen sie ihre Schallblasen
am Hals auf.

Am Anfang ihres Lebens wächst die Libelle als Larve unter Wasser. Schritt für Schritt verwandelt sie sich. An einem schönen Morgen kommt sie aus dem Wasser und schlüpft aus ihrer alten Haut. Dann fliegt sie weg ...

Bei Frühlingsanfang wachsen als Erstes Wasserpflanzen, zum Beispiel Mikroalgen. Etwas später sind auch die Großen dran: Dieses Schilfrohr kann mannshoch werden!

Im Schilf gefällt es dem Drosselrohrsänger besonders gut. Hier lebt und jagt der Vogel. Oberhalb der Wasseroberfläche baut er sein Nest.

Die kleinen Blüten der Weide nennt man Weidenkätzchen. Es sieht fast so aus, als hätte der Baum ein Fell.

15

Es ist Sommer

Die Sonne brennt vom Himmel. Die Hitze ist so stark, dass Tiere und Menschen in den Schatten flüchten, um sich zu schützen. Tagsüber singen die Zikaden, die verliebt im Baum hocken. Abends zirpen die Grillen tief im Gras verborgen ihr Konzert. Im Sommer sind die Abende länger als im Frühling, und die Tiere nutzen die abendliche Kühle, um sich draußen zu bewegen. Im Sommer sind sie nachts viel aktiver.

Bewundere in der Nacht die Sterne! Im August kann man manchmal sogar Sternschnuppen sehen. Das sind kleine Teilchen aus dem Weltraum, die zu dieser Jahreszeit über unseren Himmel ziehen.

In heißen, trockenen Sommern wimmelt es im Meer nur so von Quallen, die auf die Küste zuschwimmen. Achtung, sie können deine Haut reizen!

Die Sonnenwende

Je nach Jahr fängt am 20. oder 21. Juni der Sommer an. Am längsten Tag des Jahres wird die Sommersonnenwende gefeiert.

Wenn es sehr heiß ist, entstehen
Gewitter: Donner grollt und Blitze
zucken am Himmel. Es regnet.
Starke Unwetter können die Ernte
schädigen.

Jetzt kann man die
reifen Kirschen pflücken!
Auch Melonen, Pfirsiche,
Erdbeeren und Aprikosen
haben Kerne, Steine
oder Samen, aus denen
wieder Pflanzen wachsen.

Ein Igelbaby ist geboren.
Die Mutter führt es spazieren.
Sie bringt ihm bei, wie man die Beute
erkennt und wie ein großer Igel frisst.

Sommer am Teich

Die Zeit vergeht. Der Wasserstand des Teiches ist niedriger geworden, da Wasser verdampft ist. Wasserpflanzen entfalten ihre Blüten. Auch bei den Tieren ist viel los! Die neugeborenen Schnecken und Garnelen sind gewachsen und knabbern an den Algen. Die Libellen jagen Mücken und pflanzen sich fort.

Der Hecht versteckt sich in den Algen und lauert auf Beute.

Die Seerosen haben lange Stängel, die im Boden des Teiches verwurzelt sind. Ihre Blüten ragen über die Wasseroberfläche. Sie öffnen sich am Mittag ... und schließen sich abends wieder!

Große Schuppen

Im Sommer wachsen Fische wie Karpfen oder Welse schneller als im Winter. Wenn die Schuppen größer werden, schillern sie heller und deutlicher an ihrem Körper.

Im Sommer wechseln Stockenten das Gefieder. Wenn die alten Federn ausfallen und neue wachsen, nennt man das Mauser. Die Ente kann dann zwar einen Monat lang nicht fliegen, aber immer noch schwimmen.

Die Nacht bricht an.
Die Fledermaus fliegt zur Jagd.
Im Sommer gibt es viele Insekten,
die sie im Flug
aufschnappen kann.

Fischotter sind gute Schwimmer.
Im Sommer steht allerlei auf der Speisekarte:
Fische, Kröten, Frösche und Insekten.

Am Sommeranfang schlüpfen unter Wasser
die Froschbabys. Sie heißen Kaulquappen.
Sie versorgen sich von Anfang an selbst.
Mit ihrem langen Schwanz können sie schnell
schwimmen. Bald bildet er sich zurück,
dann sind sie richtige Frösche.

Sommer auf dem Land

Hinter dem Teich liegt der Hügel in der Sonne.
Auf der Anhöhe verbreiten die lilafarbenen Blüten des
Heidekrauts ihren süßen Duft. Andere Pflanzen leiden
unter der Hitze und haben großen Durst. Sie vertrocknen
und welken. Kleine Tierchen finden unter Steinen, im
Gebüsch oder am Fuß der Reben ein kühles Plätzchen.

Durstig sucht die Feldmaus
nach dem kleinsten
Tröpfchen Wasser!

An den Hängen gedeihen die Weinstöcke besonders gut.
Ihre Früchte reifen in der Sommersonne allmählich
zu den köstlichsten Weintrauben heran.

An die Arbeit! Der Imker erntet
den Honig, der von den Bienen
hergestellt wurde. Er öffnet ihr Haus,
den Bienenstock, und holt die Rahmen
mit dem süßen Honig heraus.

Auf den Wegen bimmeln die Glöckchen! Die Schafe klettern mit dem Schäfer in die Berge. Dort oben ist das Gras besser, grüner und fetter. Im Herbst steigen sie wieder ins Tal hinunter.

Wie sich ein Schmetterling entwickelt

Am Ende des Sommers schlüpft aus jedem Schmetterlingsei eine Larve. Dieses hungrige Wesen frisst, wächst und hüllt sich für den Winter in einen Kokon. Im Frühling kommt es als Schmetterling wieder heraus!

Eidechsen müssen ihren Körper erwärmen. Sie können allerdings keine eigene Wärme entwickeln. Deshalb sieht man sie so oft beim Sonnenbaden!

Der Landwirt hat das reife Getreide gemäht und zu großen Strohballen gepresst. Stroh dient dem Vieh im Winter als Einstreu.

Der Herbst kommt!

Heute Morgen ist es ganz grau und regnet. Allmählich geht der Sommer zu Ende und weicht dem Herbst. Das Wetter wird kühl und feucht. Abends wird es früher dunkel, die Tage werden wieder kürzer. Die Blätter an den Bäumen färben sich hübsch gelb, rot und braun und fliegen im Wind. Die Tiere haben viel zu tun.

Schnell! Alle müssen sich auf den Winter vorbereiten, jeder auf seine Weise!

Wenn große Wolken am Himmel stehen, verlieren die Sonnenstrahlen auf dem Weg hindurch ein wenig Licht. Deshalb wird es dunkler.

Der Regen ist zu etwas nütze, denn er bringt Spurenelemente mit, die Erde und Pflanzen nähren.

Noch eine Tagundnachtgleiche

Am 22. oder 23. September beginnt der Herbst. Dann sind Tag und Nacht gleich lang, genau wie am Frühlingsanfang. Es ist die Herbst-Tagundnachtgleiche.

Bei so viel Nebel kann man ja gar nichts sehen! Er besteht aus vielen Tröpfchen, die knapp über dem Boden oder über einer Wasserfläche in der Luft schweben.

Springfluten

Am Meer gibt es das ganze Jahr über die Gezeiten. Zweimal am Tag steigt das Wasser und zieht sich dann wieder zurück. Zur Herbst-Tagundnachtgleiche fällt die Flut stärker aus und der Wasserspiegel kann sehr schnell ansteigen.

Im Herbst gibt es auch sehr schöne Tage! Dann ist es mild, der Himmel ist blau und die Sonne scheint. Die Natur zeigt sich von ihrer schönsten Seite.

Unter einem Holzstoß oder in einer Höhle bereitet sich der Igel einen Bau für den Winter vor. Zum Schutz gegen die Kälte kleidet er ihn mit Blättern und Gräsern aus.

23

Herbst auf dem Land

Der Nebel lichtet sich über dem Hügel, der eine rotbraune Färbung angenommen hat. Die Bienen sammeln den letzten Blütenstaub, bevor sie sich in den Schutz ihres Bienenstocks zurückziehen. Ein Dachs kriecht aus seinem Bau am Fuß der Bäume. Er frisst Pilze und Würmer, um Fettreserven anzulegen, bevor es kalt wird. Wie die meisten Tiere wird er im Winter bald viel weniger zu fressen finden.

„So ein Vielfraß, dieser Dachs!"

Im Herbst fallen die Früchte des Kastanienbaums, die Kastanien, vom Baum. Der Aufprall kann hart sein, aber in ihrer stacheligen Schale sind sie gut geschützt.

Herbstfrüchte

Lass es dir schmecken! In dieser Jahreszeit werden Äpfel, Birnen, Pflaumen und Nüsse reif. Jetzt werden auch Kartoffeln geerntet.

24

Die Weintrauben sind jetzt süß
und reif. Wenn der Winzer sie
erntet, nennt man das Weinlese.
Die Trauben werden in Fässern
zerstampft und zur Gärung
gebracht. So wird Wein daraus.

Die Wühlmaus ist
versessen auf Wildbeeren.
Die kleinen Früchte geben
ihr vor dem Winter
noch reichlich Energie.

Die Schwalben, die sich von Insekten
ernähren, haben fast nichts mehr zu fressen.
In Schwärmen fliegen sie in warme Länder,
wo es genug Nahrung gibt.

Herbst im Wald

Auf der anderen Seite des Hügels liegt der Wald. Hier riecht es gut nach Moos! Die Bäume tragen ein rotes, orangefarbenes oder gelbes Blätterkleid. Einige Blätter sind schon verwelkt und liegen in Laubhaufen auf der Erde. Sie rascheln unter unseren Schritten. Ein junges Wildschwein verlässt seine Familie, denn es ist jetzt groß genug, um sich allein zu versorgen. In dieser Jahreszeit trennen sich noch viele andere Jungtiere von ihren Eltern. Auf Wiedersehen!

Vorausschauend legt das Eichhörnchen Vorräte für den Winter an.

Im Herbst leiden die Blätter an Lichtmangel. Sie stellen weniger Chlorophyll her, das ihnen die grüne Farbe verleiht.

Das Wildschwein hat Hunger. Es streift durch den Wald und findet Eicheln. Das sind die Früchte, die von den Eichen gefallen sind.

Der Hirsch ist von Natur aus ein stilles Tier. Doch in dieser Jahreszeit röhrt er. Er stößt einen lauten Schrei aus, um der Hirschkuh mitzuteilen, dass er brunftig ist, das heißt bereit zur Paarung. Das Röhren hört man überall im Wald.

Wenn es regnet, kommen die Schnecken heraus! Sie knabbern gern an Pilzen.

Auch der Fuchs bereitet sich auf den Winter vor. Sein Fell wird sehr viel dichter. Wie ein dicker Mantel hält es ihn warm.

Die Jagd

Im Wald geht der Jäger nun auf die Pirsch nach Rehen und Hasen. Im Frühling und im Sommer ist die Jagd verboten, damit die Tiere sich fortpflanzen und ihre Jungen großziehen können.

Es wird Winter

Ein eisiger Wind pfeift durch die graue Natur. Ist das kalt! Draußen sind nur wenige Tiere zu sehen. Einige Raben sitzen krächzend auf einem dünnen Ast. Nichts bewegt sich, man könnte meinen, alles wäre ausgestorben. Aber nein, viele Pflanzen ruhen sich nur aus und die Tiere, die nicht fortgezogen sind, bleiben möglichst in ihrem Versteck. So ertragen sie den Winter, die Jahreszeit, die für sie am härtesten ist. Sie sparen ihre Kräfte für den nächsten Frühling.

Der Schnee schützt den Boden. Er legt sich wie eine Decke darüber und verhindert, dass die Erde gefriert. Bei starker Kälte ist es unter dem Schnee viel besser als darüber. Dort geht es den Pflanzen und Tieren gut.

Die Wintersonnenwende

Am 21. oder 22. Dezember ist Wintersonnenwende. Das ist der kürzeste Tag des Jahres und die längste Nacht.

28

Die Kälte verwandelt Wasser in kaltes, hartes Eis. Zum Glück gefriert der Grund des Sees nie. So überleben die Fische, Insekten und Frösche, die sich in den Schlick eingegraben haben.

Einige Blumenarten wie die Hyazinthe blühen sogar im Winter. Sie fürchten weder Schnee noch Kälte!

Es ist kalt!

Im Winter haben die Sonnenstrahlen weniger Kraft und Wärme. Außerdem scheint die Sonne nicht so lange wie in den anderen Jahreszeiten.

Draußen findet der Igel nichts zu fressen. Deshalb verschläft er den ganzen Winter in seinem Bau. Seine Körpertemperatur sinkt und er atmet viel langsamer. Er hält Winterschlaf.

Winter im Wald

Die Bäume im Wald haben ihre Blätter abgeworfen.
Sie sind ganz kahl! Weit und breit sind keine Insekten
in Sicht. Sie kommen nicht mehr aus ihrem Versteck.
Verzweifelt suchen einige Eichhörnchen nach
genießbaren Beeren. Ein hungriger Fuchs lauert darauf,
dass eine Waldmaus ihr Loch verlässt. Die Tiere
brauchen viel Energie, um die Kälte auszuhalten.
Das bedeutet, dass sie genug fressen müssen.
Doch im Winter ist Nahrung schwer zu finden ...

Im Winter sind die kahlen Bäume nicht etwa tot. Sie leben
auf Sparflamme. Die Bäume werfen die Blätter ab,
damit sie sie nicht mehr ernähren müssen. Ohne Blätter
haben sie mehr Kraft, es mit der Kälte aufzunehmen.

In dieser Jahreszeit werden Bäume
gefällt. Der Förster entscheidet, welche
Bäume entfernt werden müssen, damit
die restlichen mehr Platz haben.
So können sie besser wachsen.

Gegen die Kälte plustert das
Rotkehlchen sein Gefieder auf.
Die Federn schließen die Luft ein,
das hält die Kälte ab. Rotkehlchen
fressen am liebsten Insekten,
aber im Winter gehen sie dazu über,
von allem ein bisschen zu fressen.

Das Eichhörnchen
sucht die Vorräte,
die es im Herbst versteckt hat.

Auch im Winter gibt es Früchte!
Im Wald freuen sich die Vögel über
die roten Beeren der Stechpalme
und die weißen Früchte der Misteln.

Es lebe die Kälte!

Die Samen liegen in der Erde
und ruhen sich aus. Sie brauchen
die Kälte, damit sie im Frühling
keimen können. Aus dem Keim
wächst dann eine neue Pflanze.

Winter im Gebirge

In den Bergen schneit es. Überall ist es weiß und still. So weit oben ist es noch kälter als in der Ebene, und der Wind weht heftiger. Gämsen klettern über die Hänge, der Schnee knirscht unter ihren Hufen. Ihr dichtes, undurchlässiges Fell hält sie warm und trocken. Etwas Weißes rührt sich beinahe unsichtbar im Schnee: Es ist ein Schneehuhn. Die Füße dieses Vogels sind mit Federn bedeckt, er muss die Kälte nicht fürchten.

Im Winter leben die Schneehühner in gleichgeschlechtlichen Gruppen: die Männchen mit den Männchen, die Weibchen mit den Weibchen.

Die Kälte macht Nadelbäumen wie den Tannen nichts aus. Sie verdursten auch nicht. Sie bleiben das ganze Jahr über grün, weil sie ihre Nadeln nach und nach verlieren, während andere bereits nachwachsen.

Gute Nacht!

Das Murmeltier, die Kreuzotter und der Bär – sie alle verschlafen in ihrem Versteck den Winter. Jedenfalls fast: Murmeltiere werden manchmal wach, um Pipi zu machen, und Mutter Bär gebärt ihre Jungen.

Im Winter wird der Schneehase vollkommen weiß. Mit dieser Fellfarbe ist er für seine Feinde sehr schlecht zu erkennen. Mit seinen großen, behaarten Pfoten kann er wie mit Schneeschuhen über den Schnee laufen, ohne tief einzusinken.

Dagegen färbt sich das Fell der Gämse im Winter dunkel.

Die Tricks der Pflanzen

Einige Pflanzen bleiben ganz klein, damit sie im Gebirge dem eisigen Wind trotzen und unter dem Gewicht des Schnees nicht zusammenbrechen. Andere Pflanzen haben Haare, die sie warm halten – der reinste Pelz!

Im Tiefschnee kann der Wolf schlecht rennen und jagen. Er bildet mit anderen Wölfen ein Rudel, denn zu mehreren ist es einfacher, ein Beutetier zu fangen.

Die Kühe fressen im warmen, gemütlichen Stall die Vorräte an Heu und getrockneten Pflanzen, die der Landwirt im Sommer für sie angelegt hat. Zum Glück hat er so gut vorgesorgt.

Winter im Hohen Norden

Wir befinden uns im äußersten Norden der Erde. Hier wird es im Winter bitterkalt! Diese Jahreszeit dauert hier dreimal so lange wie bei dir. Dennoch gibt es auch hier Leben. Im Wasser schwimmen Robben. Ein Eisbär streift über das Eis. Inuit, früher Eskimos genannt, fahren auf Schlitten vorbei, die von Hunden gezogen werden …

Pfiffig, dieser Eisfuchs! Er ernährt sich, indem er dem Eisbär folgt und die Reste seiner Mahlzeiten auffrisst.

Es ist so kalt, dass der Boden gefriert. Auch das Meer bekommt eine dicke Eisdecke: Hier siehst du das Packeis. Nur wenige Menschen und Tiere trauen sich dorthin.

Lange Nächte

Im Winter ist immerzu Nacht! Fast neun Monate lang geht die Sonne nicht auf. Im Sommer ist es umgekehrt: Drei Monate lang geht die Sonne nicht unter, auch nachts ist es taghell.

In dieser Jahreszeit findet der Eisbär nicht viel zu fressen. Er überlebt vor allem durch die Jagd auf Robben. Kalt ist ihm dabei nicht: Die Fettschicht und sein Fell halten ihn warm.

Frühling und Sommer

Endlich wird es auch im Hohen Norden wärmer.
Erst kommt der Frühling und dann der Sommer.
Das Packeis bricht knirschend in Stücke. Auf der Erde
schmilzt der Schnee. Kurze Grashalme sprießen und
die Blumen blühen. Schnell, diese beiden Jahreszeiten
sind sehr kurz. Die Natur erwacht überall zum Leben,
bevor der Winter bald wieder zurückkehrt.

Im Sommer wimmelt es
nur so von Insekten.
Sie stechen und ärgern
die Rentiere!

Riesige Rentierherden kommen aus den Wäldern,
in denen sie im Winter Schutz suchen. Sie machen
sich auf den Weg in die weite Ebene, die Tundra.
Hier finden sie endlich leckeres, zartes Gras.

Die Jagd auf Wale

Wenn das Packeis im Frühling
schmilzt, ist das ein Zeichen für
die Inuit, aufs Meer hinauszufahren,
um mit ihren Harpunen auf
Waljagd zu gehen.

Eine kleine Robbe ist geboren.
Mit der guten Muttermilch
wird sie schnell groß und dick!

35

Die Trockenzeit in der Savanne

Sengend scheint die Sonne auf das weite afrikanische Grasland. Die Löwinnen dösen erschöpft von der Hitze im Schatten eines einsamen Baumes. In der Savanne gibt es nur zwei Jahreszeiten, die jeweils ein halbes Jahr andauern: eine trockene und eine feuchte. In der Trockenzeit regnet es so gut wie nie. Wasser ist knapp und alle Lebewesen haben großen Durst.

Um der Hitze zu trotzen, speichert der Affenbrotbaum seine Wasserreserven in dem dicken Baumstamm.

Die Tümpel trocknen aus und die Erde bekommt Risse. Um nicht zu verdursten, suchen Elefanten mit dem Rüssel nach Wasser. Auf diese Weise können sie es unter der Erde ausfindig machen.

Achtung, Feuer!

In dieser Jahreszeit ist die Savanne so ausgetrocknet, dass leicht ein Brand entsteht. Die Hitze oder ein Blitz reichen aus, um ein Feuer zu entfachen.

Wasserstellen sind selten und begehrt. Doch niemand wagt zu trinken, wenn die Löwinnen da sind. Alle haben Angst, gefressen zu werden.

Die Regenzeit

In der Regenzeit tränken dicke Platzregen die Savanne. Die Erde saugt das Wasser auf wie ein Schwamm! Kurz darauf werden die Wiesen wieder grün. Die Gnus, die weit fortgewandert waren, kommen zurück, denn jetzt gibt es etwas zu fressen. Wie alle anderen Tiere, die die Dürre durchgemacht haben, ist auch ihr Überleben nun gesichert.

Endlich Regenzeit — finden die Gnus!

Überall Junge!

Es ist kühler, es gibt genug zu fressen und zu trinken – ein guter Zeitpunkt, um Junge auf die Welt zu bringen. Die Gnus, die Antilopen, die Flusspferde, die Löwen und die Geparde – alle freuen sich über Nachwuchs.

Durch den Regen laufen die ausgetrockneten Tümpel und Flüsse wieder voll Wasser. Die Tiere können trinken. Doch manchmal regnet es so stark, dass Überschwemmungen die Folge sind.

Wegen der Dürre ist es schwer, Getreide anzubauen. Am Ende der Regenzeit können die Bauern endlich die Hirse einbringen. Hirse ist ein Getreide, dessen kleine Körner zu Mehl gestampft und zu Mahlzeiten weiterverarbeitet werden.

In derselben Reihe erschienen:

Alles über Bienen
ISBN 978-3-480-22335-0

Wie sieht ein Bienenstock von innen aus? Wie wird aus Nektar Honig und was macht eigentlich die Königin? Ein Blick hinter die Kulissen der fleißigen Insekten.

Alles über Obst und Gemüse
ISBN 978-3-480-22324-4

Was ist der Unterschied zwischen Obst und Gemüse? Und was versteht man unter Fruchtgemüse? Dieses spannende Buch führt von der Saat über die Ernte bis zum Marktstand.

Auf dem Bauernhof
ISBN 978-3-480-22262-9

Wie wird die Milch zum Käse? Wie arbeitet ein Mähdrescher? Und was wird aus Wolle gemacht? In diesem Bauernhofbuch steckt mehr drin als Kühe, Hühner und Schweine!

Rund ums Wetter
ISBN 978-3-480-22307-7

Wie entsteht ein Regenbogen? Was ist ein Orkan? Warum bringen Wolken Schnee? Dieses Buch gibt einen spannenden Einblick rund um Schäfchenwolken, Tsunami und Co.

Bei den Ponys
ISBN 978-3-480-22263-6

Was ist eine Kardätsche? Wie fange ich ein Pony ein? Dieses Ponybuch überzeugt mit umfassenden Informationen – von der Geburt eines Fohlens bis zur ersten Reitstunde!

Quer durchs Weltall
ISBN 978-3-480-22423-4

Welche Planeten drehen sich im All? Was ist ein Sonnensystem? Und woher kommen Meteoriten? Dieses faszinierende Buch entführt Kinder in die unvorstellbaren Weiten des Alls.